★ **일러두기** _ 이 책에 나오는 동물 이름은 환경부 국립생물자원관에서 제공하는
국가생물종목록과 국립생태원 한국 외래생물 정보시스템, 표준국어대사전에 따랐습니다.
이곳에 등재되지 않은 동물 이름의 경우 《세계 중요 동식물 일반명 명감》, 두산백과를 참고했습니다.
위의 출처에서 확인되지 않는 동물 이름은 영문명을 국립국어원 외래어 표기법에 따라 표기했습니다.

마음을 사로잡는
동물의 색

동물의 색과 무늬는 어떤 역할을 할까?

캐스 아드 글 · 그리어 스토더스 그림 · 장혜진 옮김

킨다리

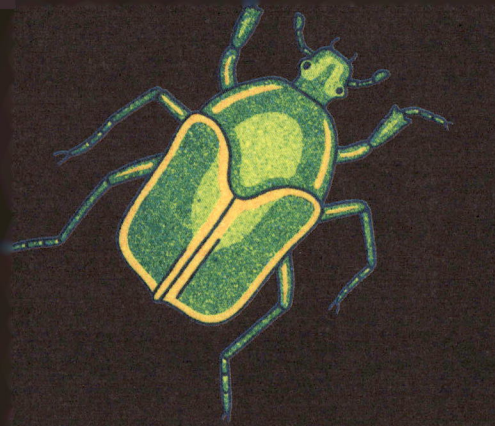

차례

색의 세계에 오신 걸 환영합니다	4-5
동물의 분류	6-7
깃털, 털, 비늘, 피부	8-9
빨강	10-11
주황과 분홍	12-13
노랑	14-15
초록	16-17
파랑	18-19
남색과 보라	20-21
검정	22-23
하양	24-25
흑백	26-27
무지개색	28-29
훈색	30-31

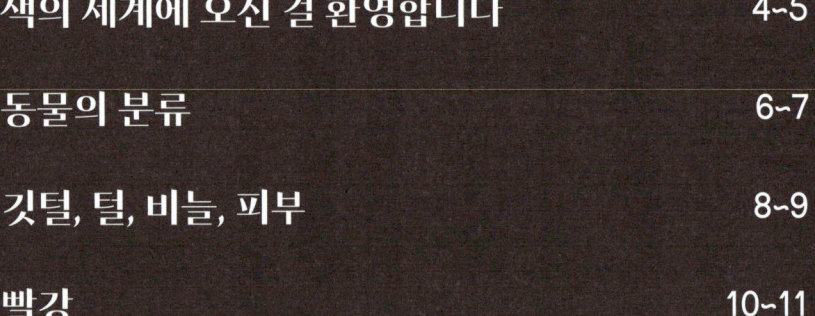
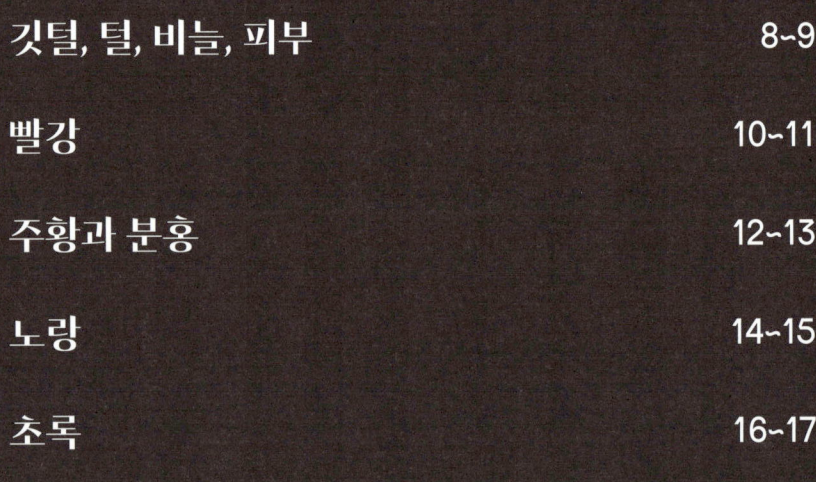

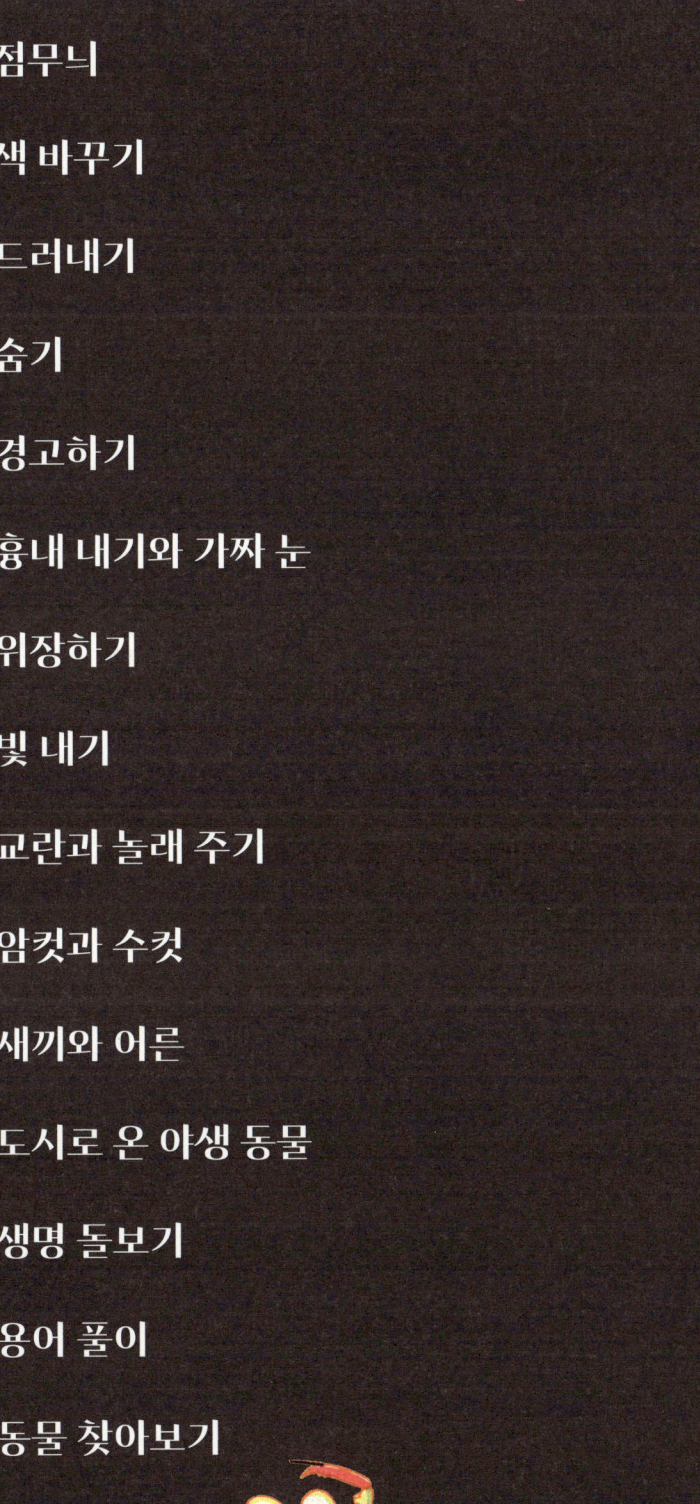

줄무늬	32-33
점무늬	34-35
색 바꾸기	36-37
드러내기	38-39
숨기	40-41
경고하기	42-43
흉내 내기와 가짜 눈	44-45
위장하기	46-47
빛 내기	48-49
교란과 놀래 주기	50-51
암컷과 수컷	52-53
새끼와 어른	54-55
도시로 온 야생 동물	56-57
생명 돌보기	58-59
용어 풀이	60-61
동물 찾아보기	62-63

색의 세계에 오신 걸 환영합니다

이 책에는 하늘과 숲, 정글과 바다에 사는
다채로운 동물들이 가득해요!
무지갯빛 사파리로 여행을 떠날 준비가 되었나요?

지구에는 팔백만 가지가 넘는 동물들이 살고 있어요.
동물들은 우리가 상상할 수 있는 거의 모든 색과 무늬를 띠고 있지요.
그런데 동물들은 왜 이렇게 다양한 색과 무늬를 가지고 있을까요?

새의 무지갯빛 깃털부터 고양이의 화려한 털 무늬,
물고기의 반짝이는 비늘, 개구리의 선명한 피부색까지…….
동물들의 색과 무늬에는 모두 역할이 있어요.

어떤 동물들은 주변과 비슷한 색과 무늬로 몸을 숨기고, 어떤 동물들은
다른 동물이나 물건을 감쪽같이 흉내 내서 적의 눈을 피하거나 먹잇감을 속여요.
선명한 무늬와 빛나는 색으로 짝을 유혹하거나
적에게 경고를 보내는 동물들도 있어요.

많은 동물이 한 가지 색을 띠거나 비슷한 색으로 어우러져 있지만
몸의 한 부분만 색이 달라 그 부분이 눈에 확 띄는 동물들도 있어요.
또 어떤 동물들의 색과 무늬는 체온을 높이거나 낮추는 데 도움이 되지요.

어떤 동물들의 색과 무늬는 자라면서 서서히 변하고,
어떤 동물들의 색과 무늬는 눈 깜빡할 사이에 바뀌기도 해요.

때로는 털이나 깃털, 비늘, 피부의 색과 무늬를 보고 암컷인지 수컷인지,
새끼인지 어른인지, 힘이 센지 약한지도 구별할 수 있답니다.

그 역할이 무엇이든 동물들의 색과 무늬는
세상을 더욱더 흥미롭고 아름다운 곳으로 만들어요.
반짝이는 작은 날개부터 거대한 줄무늬 가죽까지 모든 색과 무늬가 자아내는
동물들의 아름답고 독특한 색의 세계로 함께 떠나요!

동물의 분류

우리는 조그마한 개미부터 거대한 코끼리까지 크기와 생김새, 사는 곳과 특징이 다른 동물들과 함께 지구에 살아요. 과학자들은 수많은 동물을 좀 더 쉽게 이해하기 위해서 공통점을 토대로 무리를 분류했어요.

포유류
- 보통 머리카락이나 털이 있어요.
- 새끼를 낳아요.
- 허파로 숨을 쉬어요.
- 새끼에게 젖을 먹여요.

조류
- 깃털로 덮여 있어요.
- 날개와 부리, 비늘로 덮인 다리가 있어요.
- 허파로 숨을 쉬어요.
- 껍데기가 단단한 알을 낳아요.

파충류
- 피부는 건조하고 비늘이 있어요.
- 대부분 알을 낳아요.
- 새끼는 다 자란 모습으로 알에서 나와요.
- 허파로 숨을 쉬어요.

양서류
- 습한 곳에서 살아요.
- 허파와 피부로 숨을 쉬어요.
- 알을 낳아요.

어류
- 물에서 살아요.
- 아가미로 숨을 쉬어요.
- 피부가 비늘로 덮여 있어요.
- 지느러미와 꼬리로 헤엄쳐요.

정온 동물
바깥 온도에 관계없이 체온을 일정하게 유지하는 동물이에요.

변온 동물
바깥 온도에 따라 체온이 변하는 동물로, 체온을 올리기 위해 태양열이 필요해요.

척추동물
등뼈가 있는 동물이에요.

깃털, 털, 비늘, 피부

양서류의 축축한 피부

양서류는 허파와 피부로 숨을 쉬는데, 피부로 숨을 쉬기 위해서는 피부가 항상 축축해야 해요. 그래서 피부가 마르지 않도록 끈끈한 점액이 분비돼요.
- 피부가 매끈한 양서류도 있고 울퉁불퉁한 양서류도 있어요.
- 선명한 색의 피부는 포식자에게 보내는 경고 역할을 해요.
- 어떤 양서류는 피부에서 치명적인 독을 내뿜어요.

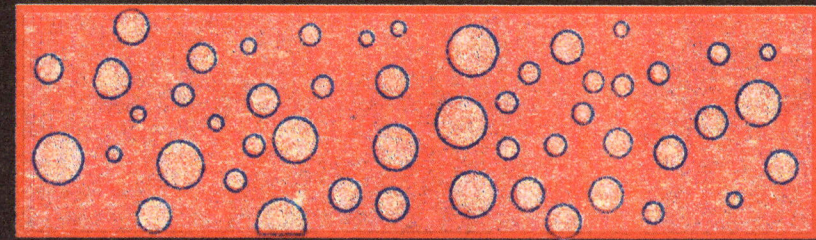

포유류의 털

모든 포유류는 몸에 털이나 머리카락이 있어서 몸을 따뜻하게 유지하는 데 도움돼요. 하지만 털은 다른 역할도 해요.
- 털의 색과 무늬로 위장할 수 있어요.
- 털에서 나오는 기름은 피부가 물에 젖는 것을 막아 줘요.
- 억세고 날카로운 털로 자신을 지킬 수 있어요.

파충류의 비늘

파충류는 대부분 비늘이 있어요. 파충류의 비늘은 방수 효과가 있어 물속에서 젖지 않고, 사막에서는 몸에서 물이 빠져나가는 것을 막아요.
- 주변과 비슷한 색의 비늘은 포식자의 눈에 띄지 않게 도와줘요.
- 두껍고 꺼끌꺼끌한 비늘은 갑옷 역할을 해요.
- 매끈한 비늘은 쉽게 미끄러지게 하고, 거친 비늘은 미끄러지지 않게 해요.

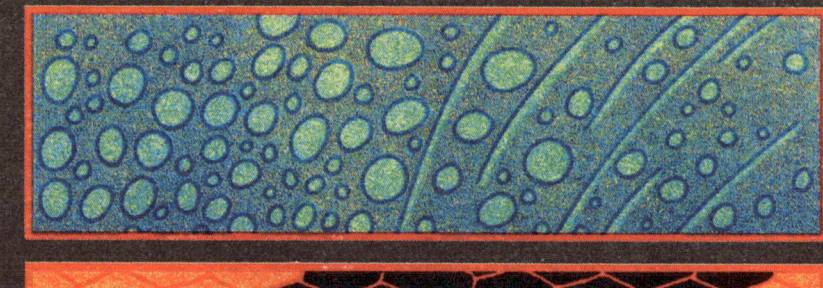

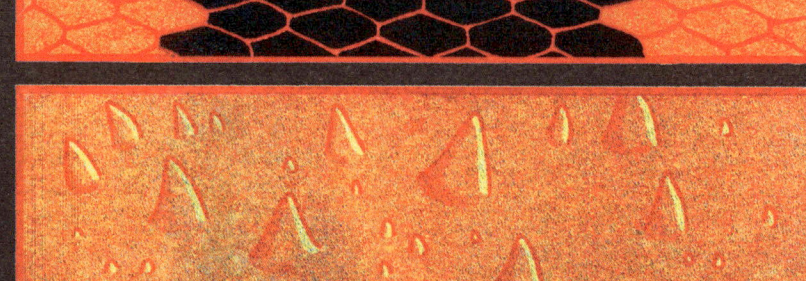

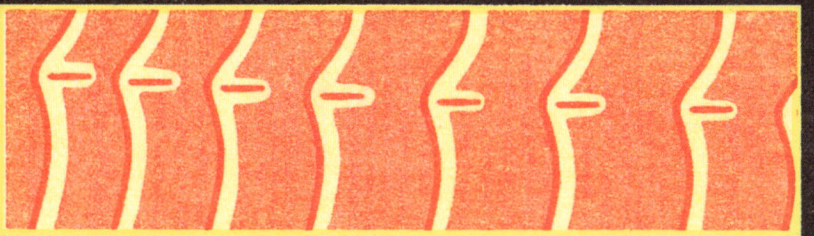

어류의 비늘

어류의 비늘은 포식자와 감염으로부터 몸을 보호해요.

- 여러 겹의 평평한 비늘은 물살을 가르며 빠르게 헤엄치도록 도와줘요.
- 빛을 반사하는 비늘은 포식자들의 눈을 속여요.
- 색이 있는 비늘은 경고를 보내거나 주변 환경에 섞여 눈에 띄지 않게 도와줘요.

조류의 깃털

깃털은 조류가 날 수 있게 할 뿐 아니라 체온을 조절하고 물에 젖지 않게 해요. 깃털은 모양도 색도 무척 다양해요.

- 부드러운 솜털은 몸을 따뜻하게 해요.
- 직선으로 쭉 뻗은 튼튼한 깃털은 조류를 날게 해요.
- 눈에 확 띄는 깃털은 짝을 유혹해요.

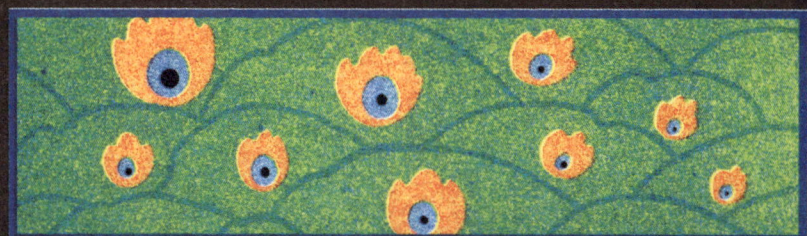
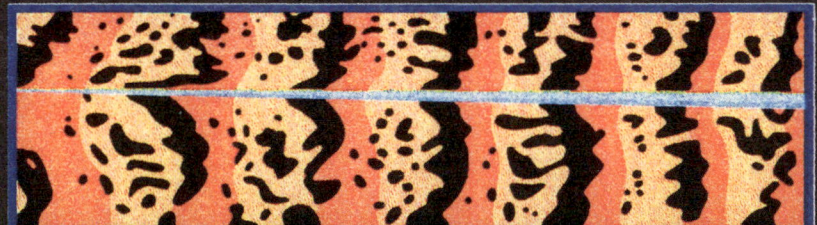
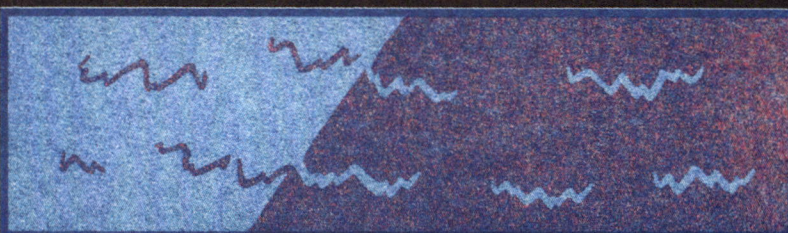

토마토맹꽁이

조심해요! 이름만 들으면 입에 침이 고이겠지만, 위협을 느끼면 피부에서 끈끈한 하얀색 독을 내뿜어요.

붉은우단응애

비단처럼 부드러운 붉은색 털로 덮여 있어요. 포식자에게 "난 정말 맛이 없어!"라고 알려 주지요.

붉은날개네발나비

홍따오기

(빨간색 먹이를 먹어요)

북홍관조

(빨간색 먹이를 먹어요)

코코넛문어

열대 바닷속 모래밭에는 새빨간 코코넛문어가 숨을 곳이 없어요. 하지만 코코넛문어에겐 계획이 있어요. 반쪽짜리 코코넛 껍질을 들고 다니다가 위험한 순간이 오면 쏙 들어가 숨지요.

스칼렛 릴리 비틀

딱정벌레의 한 종류로, 선명한 빨간색 몸은 포식자에게 고약한 맛이라고 경고해요. 암컷이 낳는 알도 빨간색이지요.

빨강

열대 우림의 나무 꼭대기부터 저 깊은 바다 밑바닥에 이르기까지, 동물들은 진홍색 털, 다홍색 날개, 주홍색 지느러미를 뽐내요. 눈길을 사로잡는 강렬한 빨강은 "여기, 나 좀 봐." 하고 자신을 과시하거나, 빨간색 먹이를 먹는다고 알려 주거나, 포식자에게 겁을 주기도 해요. 독이 있거나 성질이 사납다고 경고하는 거예요.

아메리카대왕오징어

녹슨 듯한 붉은빛 몸과 사나운 성질 때문에 '붉은 악마'라고도 불려요.

노랑

동물의 세계에서 노랑은 장소에 따라 눈에 잘 띌 수도 모습을 감추기에 좋을 수도 있어요. 파란 바다와 녹색 정글에서는 선명하게 빛나지만, 노란 과일이나 꽃, 금빛 잎사귀와 풀밭에서는 포식자들의 눈을 피하게 해 주지요.

황금랑구르 (위장)

바나나민달팽이

민달팽이는 보통 개구리나 새의 맛있는 먹이가 돼요. 하지만 바나나민달팽이의 노란 피부를 보면 아무리 배고픈 동물이라도 흠칫 물러나요.

혜성나방

인도황소개구리

인도황소개구리는 일 년 내내 늪처럼 어두운 녹색이에요. 그러다 우기가 오면 수컷은 암컷을 유혹하기 위해 변신해요. 피부는 밝은 레몬빛을 띠고 목에 달린 울음주머니는 파랗게 변하지요.

속눈썹살모사 (경고)

고치에서 나온 암컷 혜성나방은 밤이 오기를 기다려요. 노란색 날개는 햇빛이 어른거리는 나무에 있으면 눈에 잘 띄지 않거든요. 그러다 밤이 오면 짝을 찾아 나서는 수컷을 만나러 날아오르지요.

왕우렁이
(색소 부족)

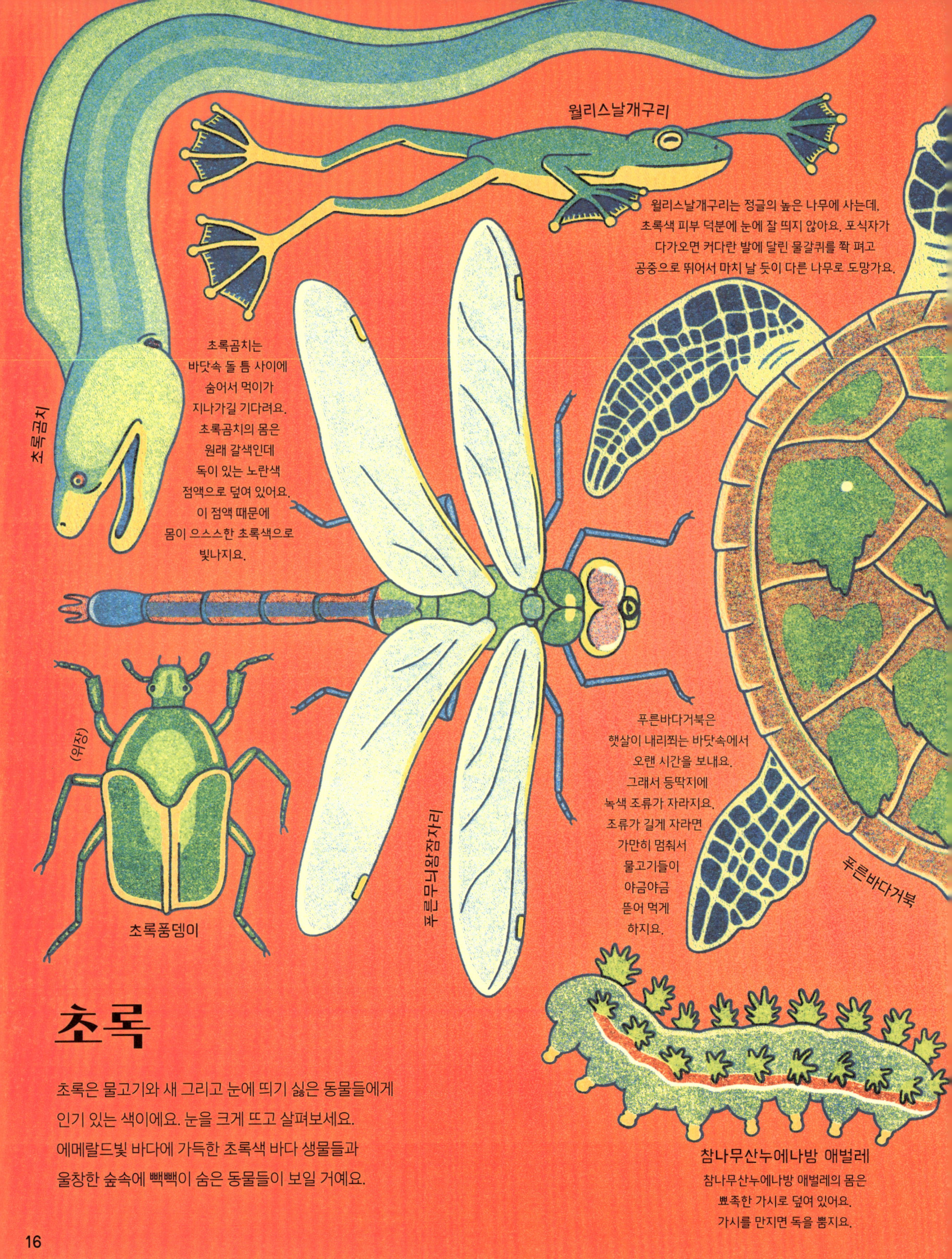

월리스날개구리

월리스날개구리는 정글의 높은 나무에 사는데, 초록색 피부 덕분에 눈에 잘 띄지 않아요. 포식자가 다가오면 커다란 발에 달린 물갈퀴를 쫙 펴고 공중으로 뛰어서 마치 날 듯이 다른 나무로 도망가요.

초록곰치

초록곰치는 바닷속 돌 틈 사이에 숨어서 먹이가 지나가길 기다려요. 초록곰치의 몸은 원래 갈색인데 독이 있는 노란색 점액으로 덮여 있어요. 이 점액 때문에 몸이 으스스한 초록색으로 빛나지요.

(위장)

푸른바다거북

푸른바다거북은 햇살이 내리쬐는 바닷속에서 오랜 시간을 보내요. 그래서 등딱지에 녹색 조류가 자라지요. 조류가 길게 자라면 가만히 멈춰서 물고기들이 야금야금 뜯어 먹게 하지요.

초록풍뎅이

푸른무늬왕잠자리

참나무산누에나방 애벌레

참나무산누에나방 애벌레의 몸은 뾰족한 가시로 덮여 있어요. 가시를 만지면 독을 뿜지요.

초록

초록은 물고기와 새 그리고 눈에 띄기 싫은 동물들에게 인기 있는 색이에요. 눈을 크게 뜨고 살펴보세요. 에메랄드빛 바다에 가득한 초록색 바다 생물들과 울창한 숲속에 빽빽이 숨은 동물들이 보일 거예요.

파랑

빛나는 깃털과 비늘, 촉수와 꼬리에 이르기까지
파랑은 동물 세계 어디에나 있어요.
파랑은 하늘과 땅에서 눈길을 사로잡지만
바다에서는 호시탐탐 기회를 노리는
포식자들의 눈을 피할 수 있어요.

청새리상어

수면에서 내려다보면 청새리상어의
매끈한 등은 잘 보이지 않아요.
등이 깊은 바다와 같은 푸른색이기
때문이에요. 그런데 바닷속에서
올려다볼 때도 잘 보이지 않아요.
배가 하얀색이라 하늘과
잘 구분이 안 돼요.

큰양놀래기

(위장)

카르파티아 블루 슬러그 (경고)

블루테일드도마뱀

수컷 새틴바우어새는
깃털부터 포크, 꽃잎,
플라스틱 병뚜껑까지
파란색이란 파란색은
모조리 모아요.
모은 것들을
나뭇가지로 지은
정자 모양 둥지 주변에
늘어놓은 다음, 부리에
파란색 보물을 물고
주변을 뽐내며 걸어요.
암컷의 마음을
얻기 위해서예요.

새틴바우어새

블루테일드도마뱀은
공격을 당하면 눈에 확 띄는
파란 꼬리를 잘라요.
공격한 뱀이나 새가
꿈틀거리는 잘린 꼬리를 보고
한눈을 팔면 재빨리 도망가지요.
블루테일드도마뱀의 잘린 꼬리는
새로 자라나요.

모르포나비는 신비하게 반짝이는 파란색 날개가 있어요. 날개 표면을 덮고 있는 비늘이 빛을 반사해서 파란색으로 반짝이는 거예요. 모르포나비가 나무에 내려앉아 날개를 접으면 눈에 잘 띄지 않는데, 날개 뒷면이 갈색이기 때문이에요.

모르포나비

물총새

물총새가 시냇물로 다이빙하면 청록색 깃털이 반짝거려요. 원래 깃털은 갈색인데 빛을 반사해서 파랗게 보여요.

일렉트릭 블루 게코

도마뱀붙이의 한 종류인 일렉트릭 블루 게코는 수컷만 청록색으로 빛나요. 암컷의 관심을 끌기 위해서예요.

그랜드 케이맨 블루 이구아나

작은부레관해파리

리틀 블루 헤론
(위장)

작은부레관해파리는 윗부분이 풍선 같은 모양인데, 공기가 들어 있어서 수면에 둥둥 떠서 바람을 타고 이동해요. 바닷물과 비슷한 투명한 파란색이어서 눈에 잘 띄지 않지만, 치명적인 독이 있어서 위험해요.

푸른발부비새

푸른발부비새는 갈라파고스섬에 살아요. 수컷은 바닷가를 뒤뚱뒤뚱 걸어 다니다가 마음에 드는 암컷을 발견하면, 선명한 파란색 발을 번갈아들며 암컷을 유혹해요. 수컷이 마음에 들면 암컷도 수컷의 발동작을 따라 해요.

산파랑지빠귀는 수컷만 파란색이에요. 암컷의 눈길을 끌기 위해서예요.

산파랑지빠귀

19

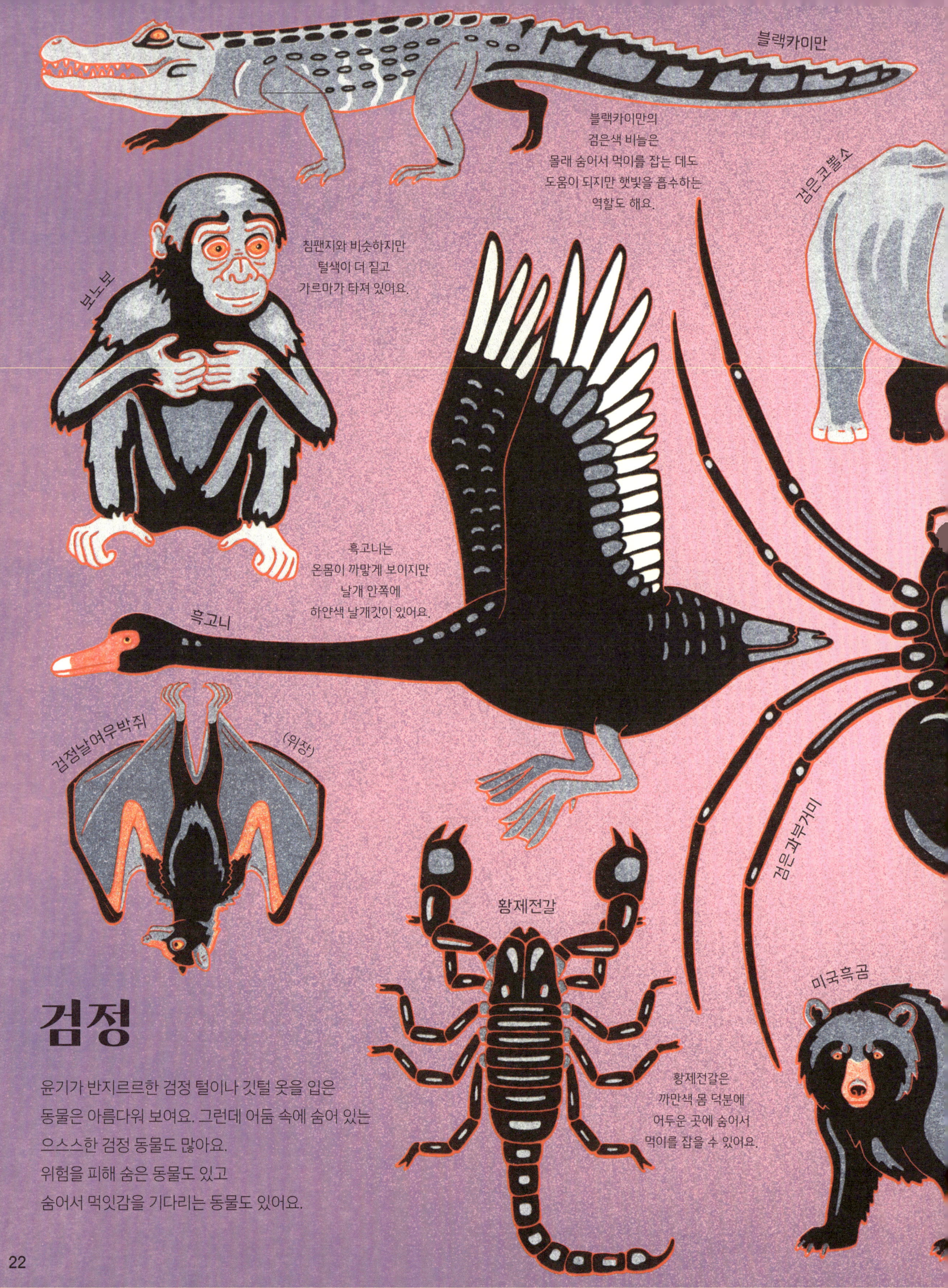

블랙카이만

블랙카이만의 검은색 비늘은 몰래 숨어서 먹이를 잡는 데도 도움이 되지만 햇빛을 흡수하는 역할도 해요.

검은코뿔소

보노보

침팬지와 비슷하지만 털색이 더 짙고 가르마가 타져 있어요.

흑고니는 온몸이 까맣게 보이지만 날개 안쪽에 하얀색 날개깃이 있어요.

흑고니

검정날여우박쥐

(위장)

황제전갈

황제전갈은 까만색 몸 덕분에 어두운 곳에 숨어서 먹이를 잡을 수 있어요.

미국흑곰

검정

윤기가 반지르르한 검정 털이나 깃털 옷을 입은 동물은 아름다워 보여요. 그런데 어둠 속에 숨어 있는 으스스한 검정 동물도 많아요. 위험을 피해 숨은 동물도 있고 숨어서 먹잇감을 기다리는 동물도 있어요.

하양

지구에서 가장 추운 곳과 가장 더운 곳에는 새하얀 동물들이 많이 살아요. 얼음 덮인 땅에서 눈처럼 하얗고 두꺼운 털은 동물의 몸을 따뜻하게 유지하고 눈에 잘 띄지 않게 해요. 지글지글 끓는 사막과 찜통 같은 정글에서 눈부신 하얀 털은 뜨거운 햇빛을 반사하지요.

놀라지 마세요. 유령이 아니에요! 희귀한 알비노 악어예요. 멜라닌 색소가 없어 하얗게 태어나는 동물을 '알비노'라고 해요. 야생에는 갖가지 알비노 동물들이 있어요. 하지만 알비노 동물들은 눈에 띄기 쉬워서 먹이를 사냥하거나 숨기 어려워요.

알비노 악어

흰쥐

백사자
(색소 부족)

흰올빼미
겨울철 눈 덮인 나무에 앉은 흰올빼미는 눈에 잘 띄지 않아요. 암컷은 깃털에 점이 있고 수컷은 새하얘요.

북극토끼 (위장)

아라비아오릭스
아라비아오릭스는 타는 듯한 사막의 모래 위를 터벅터벅 걸어요. 아라비아오릭스의 하얀 털은 강렬한 햇빛을 반사해서 몸을 시원하게 유지해 줘요.

흑백

왜 수많은 동물이 흑백 무늬를 가질까요?
우리 눈에는 화려한 흑백 무늬가 야생에서 살아남기 어려워 보여요.
하지만 줄무늬나 점무늬, 띠 등 다양한 흑백 무늬는
동물들을 무시무시하게 보이게 하고, 몸을 따뜻하게 유지하고,
주변 풍경과 어우러져 눈앞에서 사라지는 것처럼 보이게도 해요.

대서양퍼핀의 까만색 등은 따뜻한 햇볕을 흡수해요. 가슴의 하얀 깃털은 펭귄처럼 헤엄칠 때 물고기의 눈을 속이는 데 도움이 돼요.

대서양퍼핀

백호

호랑이는 저마다 줄무늬가 달라요. 사람마다 지문이 다른 것과 비슷하지요.
야생에서 하얀 호랑이는 무척 특별하고 보기 드물어요.
그래서 많은 사람이 백호의 신비한 모습을 이야기로 남겼어요.

인요 토드

이스턴 가터 스네이크

날렵하고 멋진 이스턴 가터 스네이크는
마치 치명적인 독이 있는 것처럼 보여요.
하지만 속지 마세요.
이스턴 가터 스네이크는 독이 없어요.

인요 토드는 두꺼비의 한 종류예요. 땅을 덮은 짙은 색 낙엽 더미나 그림자가 어른거리는 숲속 웅덩이에 있으면 잘 보이지 않아요.

27

무지개색

여기 보이는 화려한 동물들은 마치 동화 속에서 튀어나온 것 같아요. 부리와 몸을 노랑과 초록으로 칠하고 껍데기와 비늘에 주황과 빨강으로 빛을 드리웠어요. 머리부터 발끝까지 알록달록한 동물도 있어요!

레드사이드 가터 스네이크
(경고)

무지개왕부리

무지개왕부리는 화려한 부리를 지녔어요. 이 부리로 적을 쫓는지, 알록달록한 정글에서 모습을 감추는 데 도움이 되는지 아직 밝히지 못했어요.

오색달팽이

쿠바에 사는 오색달팽이의 껍데기는 마치 물감으로 색칠한 것 같아요. 오색달팽이는 짝을 고를 때 서로의 주변을 느릿느릿 돌면서 상대의 색을 확인해요.

엘리건트 골드 점프 스파이더

레인보우 그래스호퍼

이 알록달록한 갯가재에게 가장 잘 어울리는 이름은 무엇일까요? 어릿광대? 무지개? 정답은 공작갯가재예요.

공작갯가재

(경고)

메뚜기의 한 종류인 레인보우 그래스호퍼의 화려한 색은 새들에게 정말 끔찍한 맛이라고 경고를 보내요.

코테즈 레인보우 래스

비단벌레
비단벌레는 무척 아름다워요. 아주 옛날 우리나라와 일본에서는 비단벌레 날개로 공예품을 만들었어요.

가시고슴도치갯지렁이
가시고슴도치갯지렁이는 바다에 사는 지렁이예요. 몸통 윗부분에 온통 가시가 달렸는데, 특히 몸통 양쪽에 달린 가시는 화려하게 빛나요. 포식자에게 다가오지 말라고 경고를 보내는 거예요.

붉은목가슴파랑새

그래닛 스파이니 리저드
(교란)

바이올렛크라운드 우드님프 허밍버드
새는 사람보다 색을 훨씬 잘 구분해요. 색이 선명할수록 이성에게 더 매력적으로 보여요.

아시안썬빔뱀은 어둡고 축축한 습지나 도랑에서는 칙칙한 갈색이에요. 먹이를 잡을 때 도움이 되지요. 그런데 밝은 곳으로 나와 빛을 받으면 비늘이 무지갯빛으로 물결치듯 빛나요.

훈색

훈색을 띠는 동물들은 빛을 받으면 반지르르한 깃털이 빛을 내뿜고 비늘이 찬란하게 반짝거려요. 각도에 따라 무지갯빛으로 변하는 훈색은 짝을 유혹할 때도 도움이 되지만 배고픈 포식자를 속이기도 해요.

아시안썬빔뱀

줄무늬

줄무늬가 있는 동물을 생각해 보면 얼룩말만 떠오를지 몰라요.
하지만 세계 곳곳을 구석구석 둘러보면
다리, 날개, 몸, 갈기에 줄무늬가 있는 동물들이 많아요.
줄무늬가 있는 이유는 저마다 달라요.
가장 흔한 이유는 모습을 감추거나 위장하기 위해서예요.
다른 특별한 이유로 생겨난 줄무늬도 있답니다.

줄무늬풀밭쥐

아폴로별네발부전나비

블루 시 슬러그
(경고)

고양이 (위장)

작은 물고기들은 떼를 지어 몰려다니며
거대한 물고기처럼 보이도록
포식자들의 눈을 속여요.
하지만 바늘거북은 몸집이 작아도 혼자 다녀요.
해초 사이에 가만히 숨어 있으면 줄무늬 덕분에
눈에 잘 띄지 않거든요. 무리를 짓지 않고 혼자 다니는 물고기 중에
줄무늬가 있는 경우가 많아요.

바늘거북복

유러피안 스트라이프드 실드 버그의
빨간 줄무늬는 포식자들에게 먹으면
위험하다고 경고를 보내요.
또 적이 가까이 다가오면
구린내가 나는 액체를 뿜는데,
이 액체에는 청산가리 성분의 독이 들었어요.
노린재의 한 종류예요.

호랑이
(위장)

점무늬

점무늬가 있는 동물들이 이렇게 많다는 걸 알고 있었나요? 어떤 동물들은 몸의 점무늬로 경고를 보내고 어떤 동물들은 점무늬를 이용해 몸을 숨겨요. 과학자들은 동물의 무늬를 연구해서 어떤 동물인지 구별하고 나이도 알아낸답니다.

노랑거북복은 귀여운 점박이 물고기예요. 하지만 조심해요! 지구에서 가장 강한 독을 지닌 물고기 중 하나예요.

노랑거북복

토카이도마뱀부치

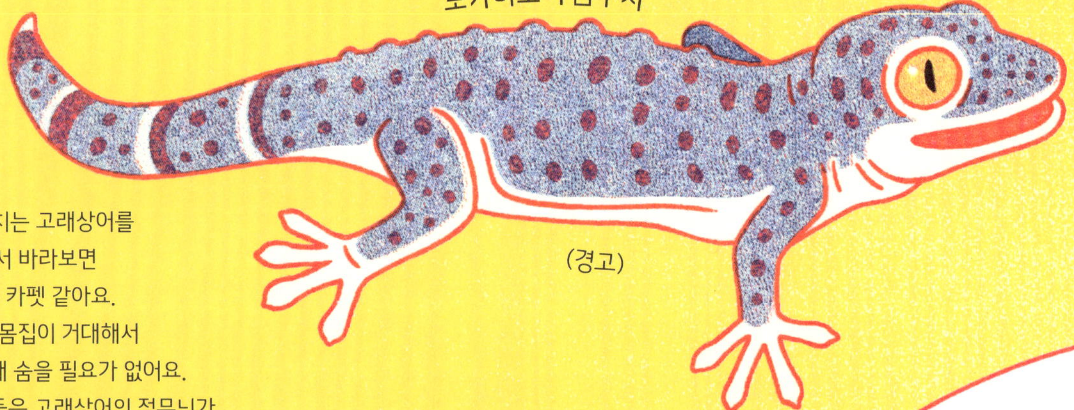

(경고)

대왕쥐가오리

바닷속을 헤엄치는 고래상어를 수면 위에서 바라보면 날아다니는 카펫 같아요. 고래상어는 몸집이 거대해서 포식자들을 피해 숨을 필요가 없어요. 그래서 과학자들은 고래상어의 점무늬가 햇빛으로부터 몸을 보호한다고 생각해요.

고래상어

스타리 나이트 리드 프로그

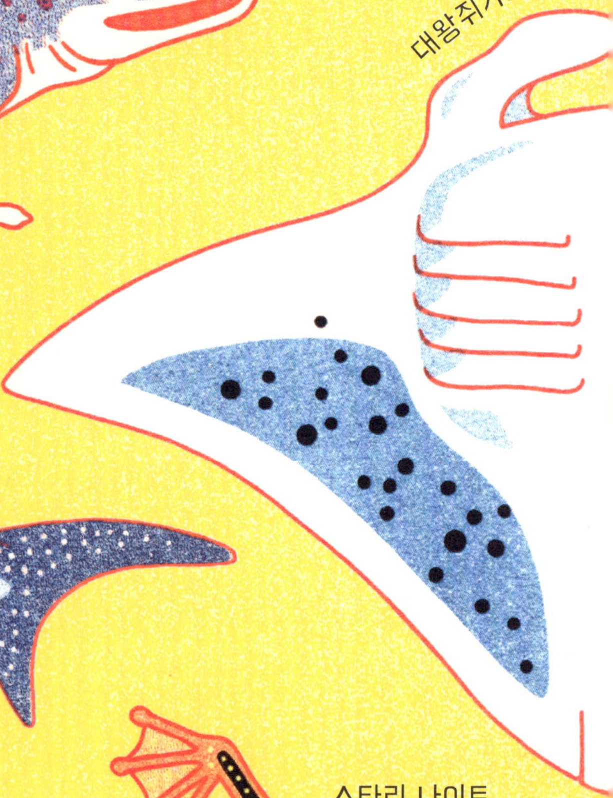

재규어

재규어는 표범과 비슷하게 생겼는데 무늬로 구분할 수 있어요. 둘 다 속이 빈 검은 테두리 무늬가 있는데 재규어는 그 무늬 안에 점이 있어요.

스타리 나이트 (starry night)는 '별이 빛나는 밤'이라는 뜻이에요. 이름이 참 멋지지요? 하지만 포식자들에게 "건드릴 테면 건드려 봐!" 하고 보내는 경고예요.

노란점박이거북
노란점박이거북의 노란 점은
나이가 들수록 더 많아져요.

파랑쥐치
(경고)

대왕쥐가오리는
배에 저마다 서로 다른 점무늬를
지니고 태어나요.
일란성 쌍둥이라도
무늬가 서로 다르지요.
과학자들도
이 무늬로 각각의
대왕쥐가오리를 구별해요.

동부주머니고양이
(위장)

업사이드다운 캣피쉬
'거꾸로 메기'라고도 불리는
업사이드다운 캣피쉬는
배를 위로 향한 채 거꾸로 헤엄치며
수면에 앉은 파리를 잡아먹어요.
점무늬 덕분에 물 위에서나 아래에서나
눈에 잘 띄지 않아요.

(경고)

도미노 비틀

기린
기린의 점무늬는 그림자가 어른어른하는 곳에서
몸을 감추는 데 도움이 돼요.
또 몸의 온도를 시원하게 유지해 줘요.
점무늬 아래로 수많은 핏줄이 지나가는데
기린의 피부에서 열이 빠져나가게 하지요.

드러내기

자신을 한껏 드러내며 자랑하는 동물들을 만나 보세요.
눈길을 사로잡는 깃털, 반짝이는 지느러미, 아름다운 꽁지가
오색찬란하게 빛나요. 몸의 대부분은 주변과 비슷한 색이지만
어느 한 부분만 눈에 띄는 색을 띠어 적을 헷갈리게 하거나
서로 의사소통하는 동물들도 있어요.

공작거미
여기 좀 보세요!
공작거미는
아름다운
꽁무니를 흔들어
암컷의 관심을 끌어요.

녹색아놀도마뱀

녹색아놀도마뱀은 딸기 빛깔의 아름다운 목주머니가 있어요. 또 순식간에 몸 색을 바꿀 수 있어요.

토끼

토끼를 쫓는 여우나 매는 토끼의 하얀 꼬리에 시선을 집중해요.
그러다가 토끼가 홱 방향을 틀어 꼬리가 안 보이면 당황하지요.
토끼는 그 틈을 타서 쏜살같이 굴로 사라진답니다.

붉은입술부치

붉은입술부치처럼 입술을 내밀어 봐요! 붉은입술부치는 바다 밑바닥에 사는 동물이에요. 루비처럼 빨간 입술은 어둠 속에서 서로를 알아보는 데 도움이 돼요.

케라마 디어

사슴의 한 종류인 케라마 디어는 하얀 꼬리를 흔들어 무리에게 위험을 알려요.

공작

수컷 공작이 근사한 깃털을 펼치면 머리 주변으로 160개가 넘는 눈 모양 무늬가 반짝거려요. 암컷 공작은 꽁지가 가장 멋진 수컷 공작을 선택해요.

무당개구리

로랜드줄무늬텐렉

로랜드줄무늬텐렉은 건드리면 안 돼요. 날카로운 노란색 가시를 빳빳이 세우고 용수철처럼 튀어 오른답니다. 단단한 가시가 살갗을 뚫을 수 있어요.

꼼짝 말아요! 상어영원의 배가 노랗게 빛나면 독을 뿜는다는 뜻이에요.

상어영원

쏠배감펭의 가시에는 독이 있어요. 이토록 아름답고 치명적인 모습으로 "손대지 마."라고 전하는 동물은 없을 거예요.

스컹크

스컹크의 흑백 무늬는 다가오지 말라는 경고예요. 이 경고를 무시한다면 스컹크는 곧장 뒤로 돌아 꼬리를 들고 구린내 나는 액체를 뿜을 거예요.

스트라이포드 파자마 스퀴드

플란넬나방 애벌레

비키세요, 플란넬나방 애벌레가 지나가요. 독을 지닌 플란넬나방 애벌레는 머리를 치켜들고 꼬리를 흔들며 경고를 보내요. 빨간 테두리를 두른 일굴은 마치 입을 벌린 것 같아요.

경고하기

동물들은 색으로 의사소통하며 자신을 보호해요. 점과 줄무늬가 보내는 신호와 빨강, 노랑, 검정과 하양의 경고가 무슨 뜻인지 알아봐요. 동물의 무늬와 색은 맛이 고약하다고, 날카로운 송곳니가 있다고, 치명적인 독이 있다고, 무시무시한 가시가 있다고 말해요.

박각시 애벌레

박각시 애벌레는 멋진 속임수를 써서 살아남아요. 뱀 껍질과 비슷한 피부에 뱀 눈과 비슷한 가짜 눈 무늬가 있어요. 나뭇가지에 매달려 머리까지 부풀리면 진짜 무시무시한 독사처럼 보여요.

흉내문어 (독이 없어요)

흉내문어는 위험한 바다 동물들로 변신해서 자신을 보호해요. 다리를 다양하게 벌여 놓거나 헤엄치는 모습도 바꿔서 독이 있는 넙치, 가시 돋친 쏠배감펭, 독이 있는 바다뱀 모습을 흉내 내요.

주홍왕뱀 (독이 없어요)

말벌

깡충거미

개미는 개미인데 개미가 아닌 것은? 정답은 개미깡충거미! 개미깡충거미는 더듬이인 척 앞다리를 들고 개미를 흉내 내며 좋아하는 먹잇감인 베짜기개미 사이에 숨어요.

흰띠제비나비 (맛있어요)

꽃등에

뭉툭날개나방

독이 없는 꽃등에는 독침이 달린 말벌의 모습을 흉내 내요.

뭉툭날개나방의 가짜 눈 무늬와 다리 모양 줄무늬는 깡충거미와 똑 닮았어요. 지나가던 거미 대부분은 먹잇감이 아니라 친구인 줄 알아요.

거미의 한 종류인 레이디버드 미믹 스파이더는 맛이 끔찍한 무당벌레의 모습을 흉내 내요. 깜빡 속았나요?

베짜기개미

무당벌레

흉내 내기

눈을 크게 뜨고 잘 살펴보세요. 방심하면 흉내를 잘 내는 똑똑한 동물에게 속지 말아요. 이 똑똑한 동물들은 포식자와 비슷한 모습으로 흉내 내어 자신을 지켜요. 또 귀, 꼬리, 꽁무니, 날개에 가짜 눈 무늬가 있어서 몸집이 크고 무시무시한 동물을 흉내 내기도 해요.

개미깡충거미

레이디버드 미믹 스파이더

독사

바다뱀 (치명적인 독이 있어요)

이스턴 코랄 스네이크 (치명적인 독이 있어요)

가짜 눈

꼬마사향제비나비
(맛이 없어요)

나비고기

올빼미고기는 꼬리 쪽에 눈 모양 무늬가 있어요. 포식자들은 가짜 눈에 속아서 진짜 머리가 아니라 꼬리를 공격해요.

올빼미 종류 중에 아주 작은 노던 피그미 오울은 뒤통수에 눈이 달린 것 같아요. 이 눈 무늬는 진짜 눈보다 훨씬 커서 다른 동물들이 보면 몸집이 크고 무시무시한 동물로 속아요.

올빼미나비

서벌은 고양잇과 동물이에요. 귀 뒤에 눈 모양 얼룩이 있어서 적을 멀리 쫓아요. 서벌의 가짜 눈 무늬는 무척 선명해서 새끼는 높이 자란 풀숲에서도 이 무늬만 보고 따라가면 어미를 놓치지 않을 수 있어요.

노던 피그미 오울

쿠이아바 드워프 프로그

이 개구리는 독이 있으면서 엉덩이에 커다란 눈 무늬가 있어요. 몸을 부풀려 가짜 눈을 더 크게 보이게 할 수도 있어요.

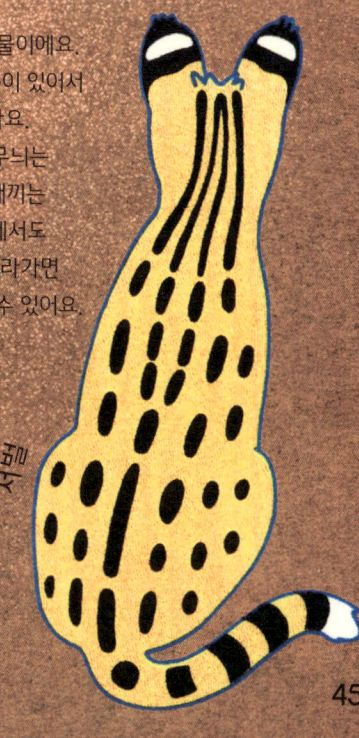

서벌

45

위장하기

여기 보이는 식물과 물체들은 언제라도 벌떡 일어나 움직일 수 있어요. 나뭇가지는 걷고, 나뭇잎은 날고, 꽃은 와락 달려들고, 통나무는 꽉 깨물어요. 모두 위장한 동물들이거든요. 어떤 동물들은 몰래 숨어서 먹이를 기다리고, 어떤 동물들은 배고픈 포식자를 피해 몸을 숨겨요.

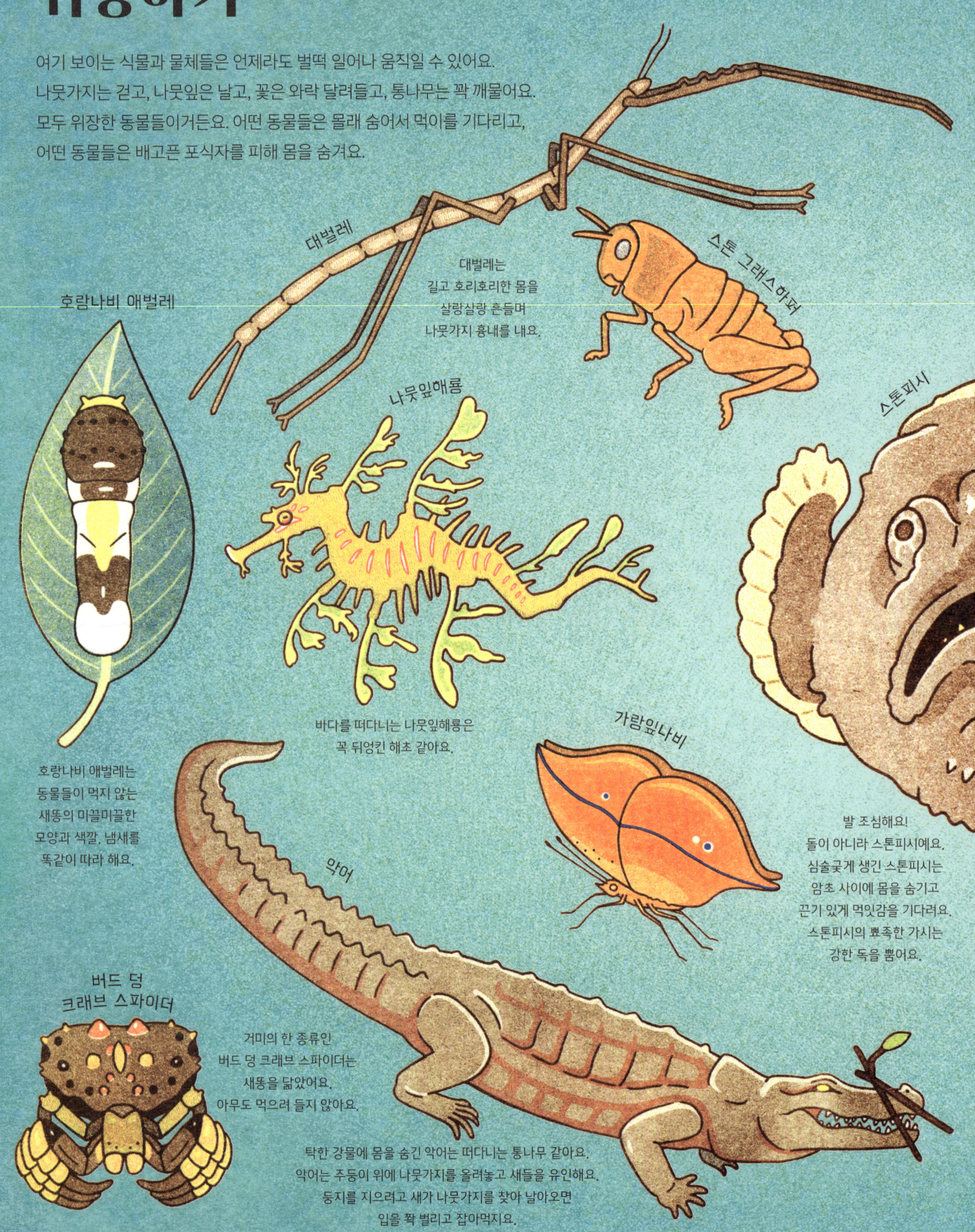

대벌레
대벌레는 길고 호리호리한 몸을 살랑살랑 흔들며 나뭇가지 흉내를 내요.

스톤 그래스아퍼

호랑나비 애벌레
호랑나비 애벌레는 동물들이 먹지 않는 새똥의 미끌미끌한 모양과 색깔, 냄새를 똑같이 따라 해요.

나뭇잎해룡
바다를 떠다니는 나뭇잎해룡은 꼭 뒤엉킨 해초 같아요.

스톤피시
발 조심해요! 돌이 아니라 스톤피시예요. 심술궂게 생긴 스톤피시는 암초 사이에 몸을 숨기고 끈기 있게 먹잇감을 기다려요. 스톤피시의 뾰족한 가시는 강한 독을 뿜어요.

가랑잎나비

버드 덩 크래브 스파이더
거미의 한 종류인 버드 덩 크래브 스파이더는 새똥을 닮았어요. 아무도 먹으려 들지 않아요.

악어
탁한 강물에 몸을 숨긴 악어는 떠다니는 통나무 같아요. 악어는 주둥이 위에 나뭇가지를 올려놓고 새들을 유인해요. 둥지를 지으려고 새가 나뭇가지를 찾아 날아오면 입을 쫙 벌리고 잡아먹지요.

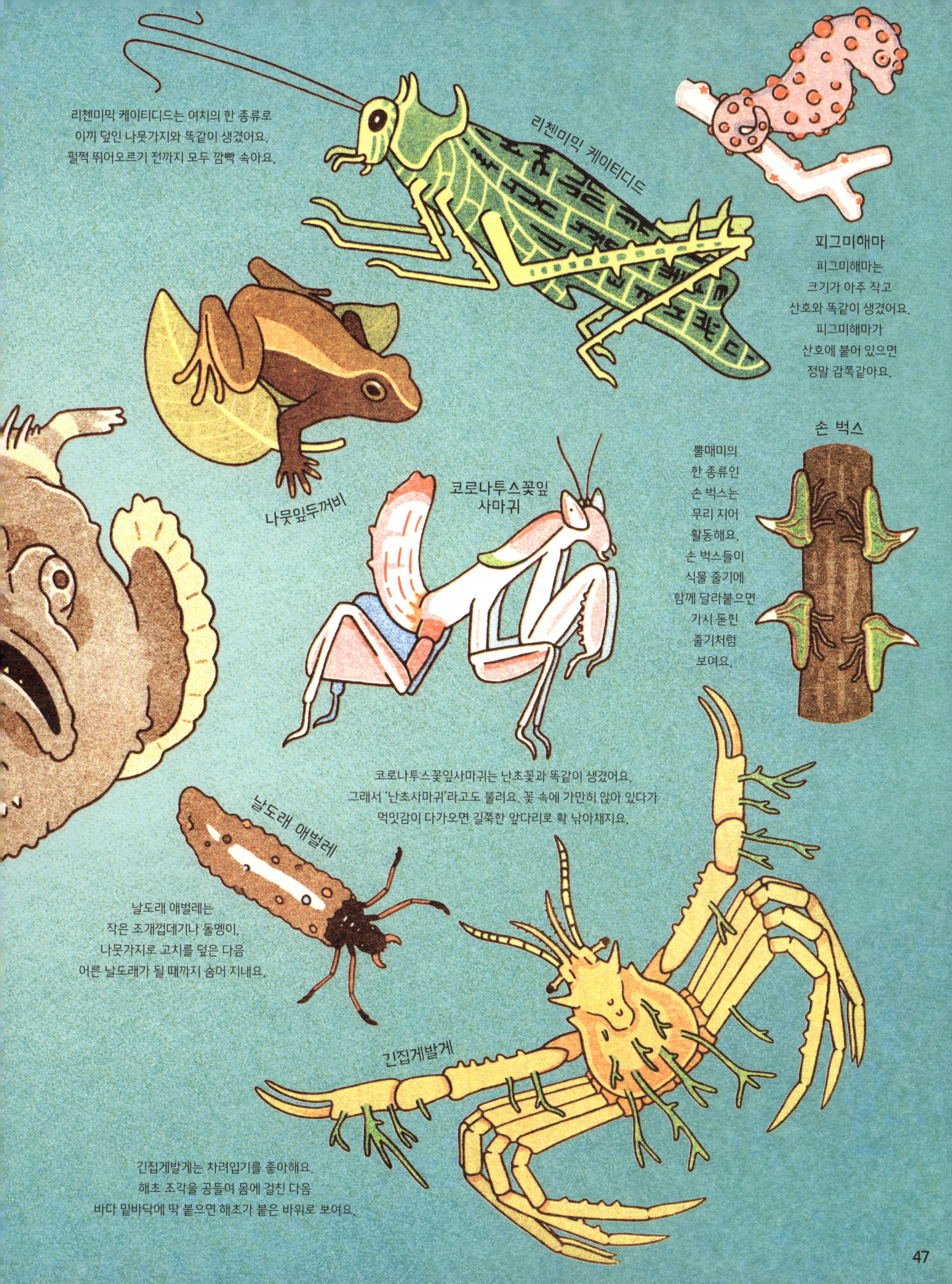

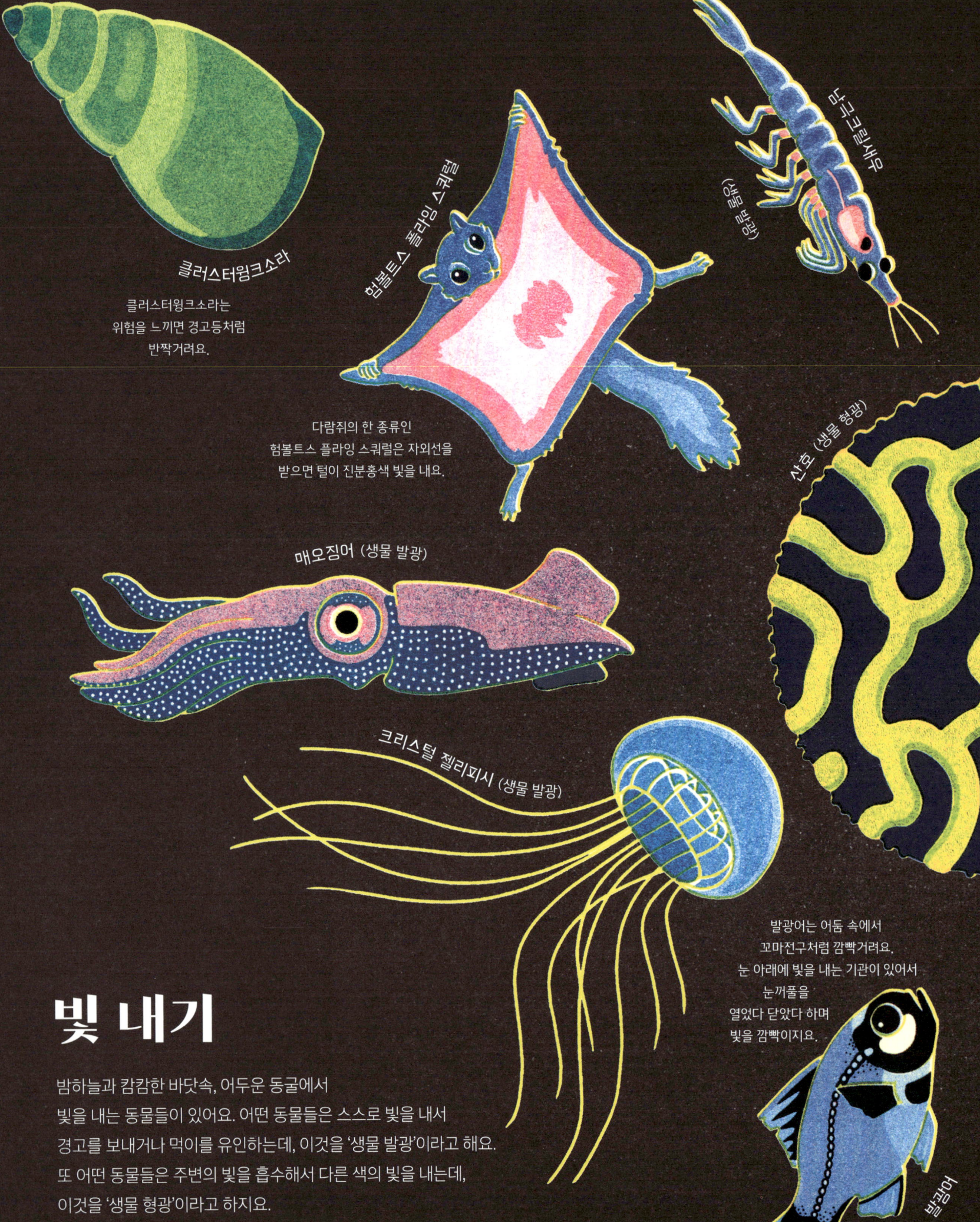

클러스터윙크소라

클러스터윙크소라는 위험을 느끼면 경고등처럼 반짝거려요.

험볼트스 플라잉 스쿼럴

다람쥐의 한 종류인 험볼트스 플라잉 스쿼럴은 자외선을 받으면 털이 진분홍색 빛을 내요.

남극크릴새우 (형광)

산호 (생물 형광)

매오징어 (생물 발광)

크리스털 젤리피시 (생물 발광)

발광어

발광어는 어둠 속에서 꼬마전구처럼 깜빡거려요. 눈 아래에 빛을 내는 기관이 있어서 눈꺼풀을 열었다 닫았다 하며 빛을 깜빡이지요.

빛 내기

밤하늘과 캄캄한 바닷속, 어두운 동굴에서 빛을 내는 동물들이 있어요. 어떤 동물들은 스스로 빛을 내서 경고를 보내거나 먹이를 유인하는데, 이것을 '생물 발광'이라고 해요. 또 어떤 동물들은 주변의 빛을 흡수해서 다른 색의 빛을 내는데, 이것을 '생물 형광'이라고 하지요. 생물 형광은 같은 동물 눈에만 보이기도 해요.

레갈 링넥 스네이크

레갈 링넥 스네이크는 독이 없는 뱀이에요.
화려하고 눈에 띄는 배의 색깔로
다른 동물을 겁주어 쫓아요.

불나방

불나방은
앞날개와 뒷날개의 무늬가 달라요.
불나방이 날개를 접고 내려앉아 있으면
주변과 비슷한 색의 앞날개만 보여요.
그러다 적이 다가오면 날개를 확 펼쳐서
선명한 주황색의 뒷날개를 드러내요.
그 모습을 보고 적이 당황한
틈을 타서 도망가요.

문어

문어가 물속에서 먹물을 뿜으면
마치 구름처럼 뭉게뭉게 퍼져요.
상대가 어쩔 줄 모르는 사이에
냉큼 도망가지요.

부채목앵무

부채목앵무는
위협을 느끼면
빨간 깃털을 펼쳐서
무시무시한 모습을 해요.

플램보이언트 커틀피시

플램보이언트
커틀피시는
갑오징어의
한 종류예요.
피부색을 마음대로
바꿀 수 있는데,
몸의 줄무늬를
흐르듯 보이게 만들어
새우의 정신을 쏙 빼놓아요.
그런 다음 긴 촉수를
확 뻗어 새우를 잡아먹어요.

메디터레이니언 맨티스

메디터레이니언 맨티스는
사마귀의 한 종류예요.
공격을 받으면 화려한
무늬가 있는 날개를 펼치고
포식자를 쫓지요.

멕시코팔팔무늬나비

멕시코팔팔무늬나비의
날개를 보고 있으면
눈이 뱅글뱅글 도는 것 같아요.
포식자인 새들의 눈을 속이기에
알맞아요.

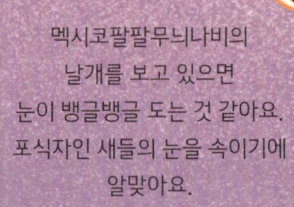

암컷과 수컷

같은 동물이라도 암컷과 수컷의 생김새가 반드시 같지는 않아요. 암컷과 수컷의 크기나 생김새가 아예 달라서 같은 동물로 보이지 않는 경우도 있지요. 수컷은 암컷의 눈을 사로잡기 위해 훨씬 밝은색을 띠는 경우가 많아요.

뉴기니앵무
수컷 뉴기니앵무는 초록색이고 암컷 뉴기니앵무는 빨간색이에요. 과학자들은 100여 년 동안 둘이 다른 종이라고 생각했어요.

갈색망토보라문어
암컷 갈색망토보라문어는 망토 같은 막을 펼쳐서 적을 쫓아요. 수컷은 크기가 2센티미터 남짓인데 암컷은 수컷보다 100배나 크답니다.

(암컷) (수컷)

일각돌고래
일각돌고래는 바다의 유니콘이에요. 하지만 소용돌이 모양 엄니는 수컷에게만 있어서 다른 수컷과 싸울 때 써요.

무당거미
거미는 대부분 암컷이 수컷보다 몸집도 크고 생김새도 무시무시해요. 무당거미도 마찬가지예요. 암컷 무당거미는 수컷보다 10배 정도 큰데 경고도 없이 수컷을 꿀꺽 먹어 치운다고 해요.

사자
수컷 사자는 커다란 갈기가 있어 위협적으로 보여요. 하지만 사냥은 날쌘 암컷 사자의 몫이에요.

헤라클레스왕장수풍뎅이

53

새끼와 어른

많은 동물이 새끼와 어른의 모습이 전혀 달라요. 새끼는 포식자의 눈을 피하도록 위장색을 띠거나 어미가 놓치지 않도록 선명한 색을 띠기도 해요. 새끼 때는 아주 작았다가 거대하게 자라는 동물도 있고 어른이 되면 완전히 다른 모습으로 변하는 동물도 있어요.

새끼 은색랑구르의 털은 밝은 주황색이에요. 눈에 확 띄는 털 덕분에 어미 은색랑구르는 새끼를 놓치지 않을 수 있어요.

은색랑구르

낙타

낙타의 혹은 지방 덩어리예요. 먹이를 찾기 힘들 때 에너지를 주지요. 새끼 낙타는 혹이 필요 없어요. 어미의 젖을 먹기 때문이에요.

새끼 화식조는 갈색 깃털에 줄무늬가 있어서 울창한 숲속 바닥에 있으면 눈에 잘 띄지 않아요. 포식자의 눈을 피해 안전하게 지낼 수 있지요.

화식조

짐머만독개구리

붉은나무타기캥거루

붉은나무타기캥거루 새끼는 태어날 때 몸에 털이 거의 없어요. 어미의 배 주머니에서 지내다가 따뜻한 털이 자라면 밖으로 나오지요.

짐머만독개구리의 올챙이는 다 자랄 때까지 어른 등에 업혀 다녀요.

55

도시로 온 야생 동물

동물의 색은 여러 세대에 걸쳐 환경에 맞게 적응했어요. 그런데 인간이 동물의 서식지를 침해하고 동물들이 도시로 이동하게 되자, 동물들의 특별한 색은 이전의 역할을 하지 못하게 되었어요. 인간이 동물들이 사는 숲속의 집을 베어 버리자 동물들은 따뜻하고 먹을 것이 가득한 도시로 이동하게 된 것이죠.

매

야생에서 매의 깃털 색은 주변 환경과 비슷해서 몰래 먹이를 잡을 때 도움이 돼요. 하지만 도시에서는 몸을 숨길 필요가 없어요. 높은 건물의 유리창에서 반사되는 빛 때문에 당황한 비둘기를 쉽게 잡을 수 있으니까요.

말코손바닥사슴

퓨마

퓨마의 적갈색 털은 메마른 평야에서 몸을 숨기기에 알맞아요. 하지만 사람들이 퓨마가 사는 곳에 점점 더 많은 집을 지으면서 퓨마는 살 곳을 잃어 가고 있어요. 도시에서는 퓨마가 몸을 숨길 곳도, 먹이도 없어요.

유럽고슴도치

유럽고슴도치는 나뭇가지나 낙엽이 쌓인 곳에 몸을 숨기길 좋아해요. 그런데 사람들이 불을 피우기 위해 쌓아 둔 모닥불에 숨어들어 곤경에 빠지기도 해요.

캐나다 북부에는 말코손바닥사슴이 많이 돌아다녀요. 말코손바닥사슴의 갈색 털은 숲속에서는 몸을 숨겨 주지만 도시에서는 아무 소용이 없어요.

주머니여우

동부회색다람쥐

오스트레일리아에 사는 주머니여우는 겁이 없어요. 밤이 되면 짙은 어둠 속에 몸을 숨기고 마을의 과일나무와 채소밭을 뒤져요. 때로는 부엌까지 들어가기도 해요.

생명 돌보기

꿀벌 물그릇

곤충 집 만들기

벌과 나비는 꽃꿀을 먹어요. 마당이나 화분에 좋아하는 꽃을 길러 보세요.
곁에는 벌과 나비가 앉아서 물을 마실 수 있도록 물그릇과 자갈을 놓아 주세요.

마당이나 발코니, 창틀 한구석에 곤충들을 위한 그늘진 쉼터를 만들어 보세요.
낡은 화분에 나뭇가지나 솔방울, 낙엽을 넣으면 완성이에요.
이제 누가 와서 사는지 지켜 보세요.

새들의 카페

환경을 생각해요

새들을 위해 해바라기씨와 귀리를 준비해 보세요.
통에 넣고 매달면 새들이 간식을 즐길 수 있는 카페가 되어요.

어른들에게 친환경 세제를 사용하자고 얘기해 보세요.
하수구로 내려간 화학 물질은 강과 바다로 흘러가서
그곳에 사는 동물들에게 해를 끼쳐요.

우리 지구는 여러 가지 빛깔이 한데 어울려 아름답게 빛나는 곳이에요.
조금만 관심을 가지고 주변을 둘러본다면 다채로운 색을 띠는 새와 곤충,
야생 동물이 살고 있는 걸 볼 수 있어요. 동물들을 보호하고 먹이를 주고,
안전하게 지낼 수 있도록 무엇을 할 수 있을지 찾아보아요.

산책을 할 때는 눈으로만 즐겨요.
꽃이나 나뭇잎을 꺾지 말고 열매도 따지 마세요. 풀을 짓밟거나 뭉개지 마세요.
곤충과 야생 동물에게는 집이나 먹이가 된답니다.

둥지나 굴을 발견했다면 비어 있는 것 같아도 건드리지 마세요.
의도하지 않게 동물들의 집을 망가뜨리거나
그곳에 사는 동물들을 겁주어 쫓아내는 행동일지도 몰라요.

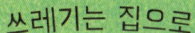

공원이나 숲속, 연못에서 야생 동물을 발견한다면
멀리서 지켜만 보세요. 너무 가까이 다가가면
야생 동물이 겁을 먹을 수도 있고 여러분을 공격할지도 몰라요.

플라스틱병과 캔, 비닐 포장지는 동물에게 해가 될 수 있어요.
음식물 쓰레기도 마찬가지고요.
쓰레기는 반드시 집으로 가져가고 가능하면 재활용해요.

용어 풀이

전문가들은 동물과 동물의 행동, 생활 주기, 생활 방식을 설명할 때
특별한 용어를 사용해요. 여기 이 책에 나온 용어들을 설명해 놓았어요.
이제 여러분도 동물 전문가처럼 말할 수 있어요.

감각 기관
외부의 자극을 느끼고 받아들이는 기관. 감각 기관을 통해 보고, 맛을 느끼고, 냄새를 맡고, 소리는 듣는 등 다양한 자극을 느낄 수 있다.

감염
세균, 바이러스, 곰팡이 등이 동물이나 식물의 몸 안에 들어가 병을 일으키는 것.

고치
벌레가 실을 내어 지은 집. 활동 정지 상태에 있는 곤충의 알, 애벌레, 번데기를 보호한다.

교란
강렬하고 복잡한 무늬로 상대를 어지럽고 혼란하게 하는 위장.

굴
동물이 살기 위해 만든 땅속 구멍.

꽁무니
동물의 등마루를 이루는 뼈의 끝이 되는 부분이나 곤충의 배 끝부분.

꽁지
새의 꽁무니에 붙은 깃.

더듬이
주로 곤충 머리에 달린 감각 기관으로, 먹이를 찾고 적을 막는 역할을 한다.

독
뱀, 곤충 등의 동물이 몸에서 만드는 독. 물거나 침을 쏘아 다른 동물을 죽이기 위해 쓴다.

독사
독이 있는 뱀.

둥지
새가 알을 낳거나 지내는 곳.

먹잇감
다른 동물의 먹이가 되는 동물.

멜라닌 색소
동물의 조직에 있는 검은색이나 흑갈색의 색소. 양에 따라 피부나 머리카락, 망막의 색깔이 결정된다.

방수
스며들거나 새거나 넘쳐흐르는 물을 막는 것.

번데기
나방이나 나비의 애벌레가 날개 달린 어른벌레가 되기 전 단단한 고치에 들어가 있는 상태.

볏
닭이나 새의 머리 위에 세로로 자라난 부드러운 살 조각.

부화
알에서 새끼가 껍데기를 깨고 나옴.

비늘
어류나 파충류의 몸을 덮고 있는 얇고 단단한 작은 조각.

산호초
산호라는 작은 동물의 골격과 분비물인 탄산 칼슘이 쌓여 생긴 암초.

서식지
생물이 일정한 곳에 자리를 잡고 사는 곳.

송곳니
앞니와 어금니 사이에 있는 길고 뾰족한 이.

아가미
물고기 몸 양옆에 있는 기관으로 물고기는 아가미를 통해 숨을 쉰다.

암초
바닷속이나 해면 가까이에 솟은 바위.

애벌레
알에서 나온 뒤 아직 다 자라지 않은 벌레.

연체
연하거나 무른 몸.

위장
주변과 비슷하게 보이도록 꾸미는 일.

유독성
독이 있는 성질.

유인
사람이나 동물을 꾀어냄.

일란성 쌍둥이
하나의 난자와 하나의 정자가 결합하여 생긴 쌍둥이. 같은 성으로 태어나고 생김새나 성격이 매우 비슷하다.

점액
생물의 몸에서 나오는 끈끈한 액체.

조류
잎과 줄기가 없는 단순한 식물로 물속이나 물가에서 자란다.

종
생물을 분류하는 기초 단위.

주둥이
동물의 얼굴에서 툭 튀어나온 코와 입 주위 부분.

지느러미
물고기의 몸에 붙은 얇고 납작한 부분으로 헤엄치는 데 도움이 된다.

청산가리
동물을 죽일 수 있는 강한 독극물.

촉수
주로 바다 동물의 몸에 길고 가늘게 뻗어 있는 감각 기관. 쥐고 옮기는 일도 한다.

평원
나무가 없는 넓고 평평한 지역.

포식자
다른 동물을 먹이로 먹는 동물

핏줄
사람이나 동물의 몸에서 피를 나르는 가느다란 관.

허파
산소를 들이마시고 이산화탄소를 내보내며 호흡을 하는 기관

환형
고리 모양이라는 뜻.

동물 찾아보기

ㄱ

가랑잎나비, 46
가면카멜레온, 36~37
가시고슴도치갯지렁이, 30
가이양, 31
갈색망토보라문어, 53
개미깡충거미, 44
개복치, 54
검은과부거미, 22~23
검은목고니, 26
검은코뿔소, 22~23
검정날개버섯파리 애벌레, 49
검정날여우박쥐, 22
고래상어, 34
고릴라, 36~37
고양이, 32
골든아이드 스틱 인섹트, 51
골든 토르터스 비틀, 36~37
공작, 38
공작갯가재, 28
공작거미, 38
공작넙치, 36~37
그래닛 스파이니 리저드, 30
그랜드 케이맨 블루 이구아나, 19
그물무늬비단뱀, 56
극락조, 21
금계, 39
기린, 35
기린바구미, 52
기아나바위새, 12
긴집게발게, 47
긴코채찍뱀, 40~41
깡충거미, 44
꼬마사향제비나비, 45
꽃등에, 44

ㄴ

나뭇잎두꺼비, 47
나뭇잎해룡, 46
나비고기, 45
낙타, 55
난초벌, 31
날도래 애벌레, 47
날씬몽구스, 15
남극크릴새우, 48
넴브로타 오리아 시 슬러그, 33
노던 피그미 오울, 45
노란배바다뱀, 15
노란점박이거북, 34~35
노랑거북복, 34
노랑무늬영원, 43
노랑양쥐돔, 15
녹색아놀도마뱀, 38
녹색이구아나, 36~37
눈표범, 41
뉴기니앵무, 53
늑대, 56
니코바비둘기, 31

ㄷ

대리석도롱뇽, 26
대머리우아카리, 39
대벌레, 46
대서양퍼핀, 27, 36~37
대왕조개, 20~21
대왕쥐가오리, 34~35
도미노 비틀, 26, 35
독사, 45
동부주머니고양이, 35
동부회색다람쥐, 57
드워프 커틀피시, 36~37

ㄹ

랩어라운드 스파이더, 40~41
레갈 링넥 스네이크, 50
레드레이서, 11
레드사이드 가터 스네이크, 28
레서판다, 11
레이디버드 미믹 스파이더, 44
레인보우 그래스호퍼, 28
로랜드줄무늬텐렉, 42
로지메이플나방, 13
리첸미믹 케이티디드, 47
리카온, 40

리틀 블루 헤론, 19

ㅁ

마다가스카르붉은날개메뚜기, 51
말벌, 44
말코손바닥사슴, 57
매, 57
매그니피센트 시 아네모네, 20~21
매오징어, 48
맨드릴개코원숭이, 29
메디터레이니언 맨티스, 50
멕시코팔팔무늬나비, 50~51
멧돼지, 56
모르포나비, 18~19
목도리도마뱀, 51
목도리앵무, 17, 56
무당개구리, 42
무당거미, 53
무당벌레, 44
무지개왕부리, 28
문어, 50
물방울무늬청개구리, 49
물총새, 19
뭉뚝날개나방, 44
미국군함조, 39
미국흑곰, 22~23
민꽃게거미, 15

ㅂ

바나나민달팽이, 14
바늘거북복, 32
바다뱀, 45
바다사자, 56
바이올렛 시 슬러그, 20
바이올렛크라운드 우드님프 허밍버드, 30
박각시 애벌레, 44
반딧불이, 49
발광어, 48
백사자, 24
백호, 27
버드 덩 크래브 스파이더, 46
벌거숭이두더지쥐, 13

베짜기개미, 44
베타, 11
베트남이끼개구리, 40
보노보, 22
복해마, 15
볼드페이스드 호닛, 26~27
봉고, 33
뵈트거스 캐실리언, 20~21
부채목앵무, 50
북극곰, 40
북극늑대, 25
북극여우, 36~37
북극토끼, 24
북방족제비, 36~37
북부노랑박쥐, 15
북부흰뺨긴팔원숭이, 52
북홍관조, 10
분홍가슴파랑새, 30
불나방, 50~51
붉은나무타기캥거루, 55
붉은날개네발나비, 10~11
붉은배오색딱따구리, 33
붉은사슴, 52
붉은여우, 12
붉은우단응애, 10
붉은입술부치, 38~39
브라질리언 루비 허밍버드, 56
브로들리스 플랫 리저드, 29
블랙카이만, 22
블루테일도마뱀, 18
블루 시 슬러그, 32
블루 크래브, 21
비단벌레, 30
빨간눈청개구리, 29
빨간불가사리, 11
뿔소라, 20

ㅅ

사라다 슈퍼바 리저드, 31
사이키델릭 만다린 피시, 43
사자, 40, 53
산파랑지빠귀, 19

산호, 48~49
상어영원, 42
새틴바우어새, 18
서벌, 45
세발가락나무늘보, 17
소개미벌, 11
속눈썹살모사, 14
손 벅스, 47
쇠똥구리, 23
수마트라오랑우탄, 52
수염상어, 41
스칼렛 릴리 비틀, 10
스컹크, 42
스타리 나이트 리드 프로그, 34
스톤피시, 46~47
스톤 그래스하퍼, 46
스트라이프드 파자마 스퀴드, 42
스팅잉 로즈 모스 애벌레, 43
스피릿 베어, 25
시에라 루미너스 밀리피드, 49
쏙독새, 40
쏠배감펭, 42~43

ㅇ
아라비아오릭스, 24
아마존강돌고래, 13
아메리카대왕오징어, 10
아메리카살모사, 41
아메리카오소리, 43
아시안썬빔뱀, 30
아얌쯔마니, 23
아폴론별네발부전나비, 32~33
아프리카자이언트노래기, 23
아홀로틀, 13
악어, 46
알락꼬리여우원숭이, 33
알렉산드라비단제비나비, 52~53
알비노 공작, 24~25
알비노 악어, 24~25
어깨걸이극락조, 39
어셈바라오렌지바분, 12
얼룩말, 33
업사이드다운 캣피쉬, 35
에메랄드나무왕도마뱀, 17
에메랄드 스왈로우테일, 30~31
엘리컨트 골든 점핑 스파이더, 28~29
여치, 17
영국성게, 13
옐로워블러, 15

오렌지클로드 피들러 크래브, 12
오색달팽이, 28
오색앵무, 29
오카피, 39
온두라스흰박쥐, 25
올빼미나비, 45
왕우렁이, 14
우산뱀, 43
원앙, 52
월리스날개구리, 16
유러피안 스트라이프드 실드 버그, 32~33
유럽고슴도치, 57
유럽두더지, 23
은색랑구르, 55
이끼나뭇잎도마뱀붙이, 40
이스턴 가터 스네이크, 27
이스턴 그린 맘바, 17
이스턴 스트라이프드 크리켓, 33
이스턴 인디고 스네이크, 20~21
이스턴 코랄 스네이크, 45
이슬거미, 17
인도황소개구리, 14
인디언 오너멘탈 타란툴라, 51
인디언 자이언츠 스쿼럴, 29
인요 토드, 27
일각돌고래, 53
일렉트릭 블루 게코, 19
일본사슴, 56
일본원숭이, 11

ㅈ
작은부레관해파리, 18~19
잠자리, 54~55
재규어, 34
전갈, 49
점박이하이에나, 41
제브라상어, 54
제왕나비 애벌레, 33
주머니여우, 57
주홍왕뱀, 44
줄무늬풀밭쥐, 32
진보라고동, 20
집머만독개구리, 55
짧은코가시두더지, 54
짱뚱어, 39

ㅊ
참나무산누에나방 애벌레, 16
청독화살개구리, 20

청반점갯민숭달팽이, 33
청벌, 29
청새리상어, 18
청어, 50~51
초록곰치, 16
초록풍뎅이, 16
초롱아귀, 49
치타, 54

ㅋ
카르파티아블루슬러그, 18
카멜레온, 49
캘리포니아왕뱀, 26
케라마 디어, 38
코끼리물범, 52
코로나투스꽃잎사마귀, 47
코코넛문어, 10~11
코테즈 레인보우 래스, 28
쿠바청개구리, 25
쿠이아바 드워프 프로그, 45
크리스털 젤리피시, 48
큰까마귀, 23
큰양놀래기, 18
큰유황앵무, 25
클러스터윙크소라, 48

ㅌ
토끼, 38
토마토맹꽁이, 10
토카이도마뱀붙이, 34

ㅍ
파란고리문어, 43
파랑쥐치, 35
퍼시픽 워티 옥토퍼스, 21
퍼플 허니 크리퍼, 20~21
페인티드 이세벨 버터플라이, 54~55
포투, 41
푸른모니왕잠자리, 16
푸른바다거북, 16~17
푸른발부비새, 18~19
푸른베짜기개미, 17
푸른불가사리, 20
푸른찌르레기, 31
푸른혀도마뱀, 51
퓨마, 57
플라밍고, 13
플란넬나방 애벌레, 42
플램보이언트 커틀피시, 50

피그미해마, 47

ㅎ
하마, 13
험볼트스 플라잉 스쿼럴, 48
헤라클레스왕장수풍뎅이, 53
혜성나방, 14~15
호랑나비 애벌레, 46
호랑이, 32
호랑이잠자리나비 번데기, 41
홍게, 11
홍따오기, 10
화식조, 55
황금두더지, 31
황금랑구르, 14
황금사자타마린, 12
황제전갈, 22
황제타마린, 26
황제펭귄, 26, 54
회색가지나방, 40~41
회색랑구르, 56
흉내문어, 44
흑고니, 22
흑표범, 23
흰고래, 24~25
흰동가리, 12
흰띠제비나비, 44
흰올빼미, 24
흰쥐, 24
히야신스금강앵무, 20

글 캐드 아드
어린이책 작가이자 편집자로 20년 넘게 일했습니다.
과학 상식과 직업 관련 정보를 흥미롭고 생생하게 전하는 책을 만들고 있습니다.

그림 그리어 스토더스
캐나다 출신 일러스트레이터로 진화 생물학을 공부했습니다.
과학과 예술의 상호 작용에 깊은 관심을 지니고 있습니다.
캐나다, 미국, 독일, 인도네시아의 박물관과 미술관에 리소그래프 작품이 전시되었습니다.

옮김 장혜진
대학에서 지구환경과학을 전공하고 지금은 어린이와 청소년이 읽기 좋은 책을 찾아 번역하고 있습니다.
옮긴 책으로는 《10대를 위한 그릿》, 《초콜릿어 할 줄 알아?》, 《알고 싶어, 내 마음의 작동 방식》,
《패션, 나를 표현하는 방법》, 《책 아저씨를 위해 투표해 주세요》, 〈생태 숨은그림찾기 Find Me!〉 시리즈 등이 있습니다.

똑똑한 책꽂이 30

마음을 사로잡는 동물의 색

동물의 색과 무늬는 어떤 역할을 할까?

1판 1쇄 발행 2022년 5월 24일
글 캐스 아드 | **그림** 그리어 스토더스 | **옮김** 장혜진
펴낸이 김상일 | **펴낸곳** 도서출판 키다리
편집장 위정은 | **편집** 정명순 | **디자인** 이기쁨 | **마케팅** 신성종 | **홍보** 장현아 | **관리** 김영숙
출판등록 2004년 11월 3일 제406-2010-000095호
제조국 대한민국 | **사용연령** 5세 이상
주소 경기도 파주시 심학산로 10 | **전화** 031-955-9860(대표), 031-955-9861(편집) | **팩스** 031-624-1601
이메일 kidaribook@naver.com | **블로그** blog.naver.com/kidaribook
ISBN 979-11-5785-560-5 (77490)

Kaleidoscope of Creatures © 2021 Quarto Publishing plc.
Text © 2021 Catherine Ard
Illustrations © 2021 Greer Stothers

First Published in 2021 by Wide Eyed Editions, an imprint of The Quarto Group.
All rights reserved.
KOREAN language edition © 2022 by Kidari Publishing
KOREAN language edition arranged with
Wide Eyed Editions, an imprint of The Quarto Group through POP Agency, Korea.

· 이 책의 한국어판 저작권은 팝 에이전시(POP AGENCY)를 통한 저작권사와의 독점 계약으로 키다리 출판사가 소유합니다.
· 저작권법에 의하여 한국 내에서 보호를 받는 저작물이므로 무단전재와 무단복제를 금합니다.
· 잘못된 책은 구매하신 곳에서 교환할 수 있습니다.